bad hai

2005 calendar

BLOOMSBURY

First published in Great Britain 2004

Bloomsbury Publishing PLC
38 Soho Square, London W1D 3HD

A CIP catalogue record for this book is available from the British Library.

Credits: 1/24-1/30, hair by Toni and Guy; 3/14-3/20 (lower left), hair by Jason Brandler at Jingles International (*Hairdressers Journal*, December 1980); 4/4-4/10, hair by MichaelJohn, London; 4/25-5/1, hair by Clip Joint, London (*Hairdressers Journal,* September 1972); 7/18-7/24 (lower left), hair by Raymond at Maneline, photography by David Glew (*Hairdressers Journal,* August 1971); 10/3-10/9, hair by Chris Chapman, Norwich, Norfolk; 12/26-1/1 (lower left), hair by Ricci Burns (*Hairdressers Journal,* October 1970)

ISBN 0 7475 7667 X

While every effort has been made to trace all copyright holders, the publishers would be glad to hear from any who may have been omitted, or may have preferred to be omitted.

All Jewish holidays begin at sundown the previous day.

Printed in China.

2005

JANUARY

s	m	t	w	t	f	s
						1
2	3	4	5	6	7	8
9	10	11	12	13	14	15
16	17	18	19	20	21	22
23	24	25	26	27	28	29
30	31					

FEBRUARY

s	m	t	w	t	f	s
		1	2	3	4	5
6	7	8	9	10	11	12
13	14	15	16	17	18	19
20	21	22	23	24	25	26
27	28					

MARCH

s	m	t	w	t	f	s
		1	2	3	4	5
6	7	8	9	10	11	12
13	14	15	16	17	18	19
20	21	22	23	24	25	26
27	28	29	30	31		

APRIL

s	m	t	w	t	f	s
					1	2
3	4	5	6	7	8	9
10	11	12	13	14	15	16
17	18	19	20	21	22	23
24	25	26	27	28	29	30

MAY

s	m	t	w	t	f	s
1	2	3	4	5	6	7
8	9	10	11	12	13	14
15	16	17	18	19	20	21
22	23	24	25	26	27	28
29	30	31				

JUNE

s	m	t	w	t	f	s
			1	2	3	4
5	6	7	8	9	10	11
12	13	14	15	16	17	18
19	20	21	22	23	24	25
26	27	28	29	30		

JULY

s	m	t	w	t	f	s
					1	2
3	4	5	6	7	8	9
10	11	12	13	14	15	16
17	18	19	20	21	22	23
24	25	26	27	28	29	30
31						

AUGUST

s	m	t	w	t	f	s
	1	2	3	4	5	6
7	8	9	10	11	12	13
14	15	16	17	18	19	20
21	22	23	24	25	26	27
28	29	30	31			

SEPTEMBER

s	m	t	w	t	f	s
				1	2	3
4	5	6	7	8	9	10
11	12	13	14	15	16	17
18	19	20	21	22	23	24
25	26	27	28	29	30	

OCTOBER

s	m	t	w	t	f	s
						1
2	3	4	5	6	7	8
9	10	11	12	13	14	15
16	17	18	19	20	21	22
23	24	25	26	27	28	29
30	31					

NOVEMBER

s	m	t	w	t	f	s
		1	2	3	4	5
6	7	8	9	10	11	12
13	14	15	16	17	18	19
20	21	22	23	24	25	26
27	28	29	30			

DECEMBER

s	m	t	w	t	f	s
				1	2	3
4	5	6	7	8	9	10
11	12	13	14	15	16	17
18	19	20	21	22	23	24
25	26	27	28	29	30	31

DECEMBER 2004						
s	m	t	w	t	f	s
			1	2	3	4
5	6	7	8	9	10	11
12	13	14	15	16	17	18
19	20	21	22	23	24	25
26	27	28	29	30	31	

JANUARY 2005						
s	m	t	w	t	f	s
						1
2	3	4	5	6	7	8
9	10	11	12	13	14	15
16	17	18	19	20	21	22
23	24	25	26	27	28	29
30	31					

dec-jan

monday 27

tuesday 28

wednesday 29

thursday 30

friday 31

New Year's Day
Kwanzaa ends (USA)

saturday 1

sunday 2

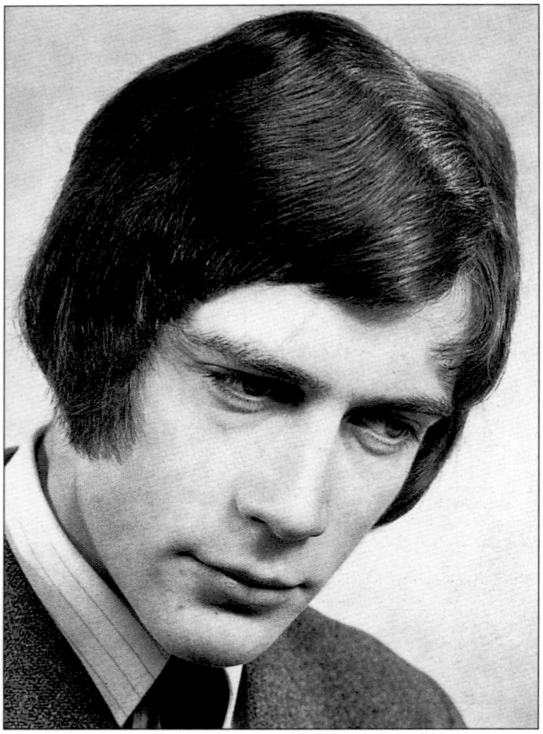

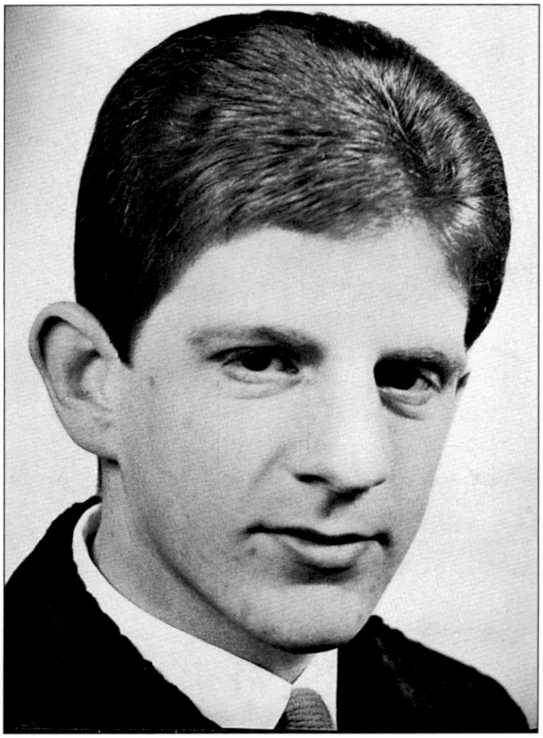

january

JANUARY						
s	m	t	w	t	f	s
						1
2	3	4	5	6	7	8
9	10	11	12	13	14	15
16	17	18	19	20	21	22
23	24	25	26	27	28	29
30	31					

Bank Holiday (UK)

monday 3

tuesday 4

wednesday 5

thursday 6

friday 7

saturday 8

sunday 9

JANUARY						
s	m	t	w	t	f	s
						1
2	3	4	5	6	7	8
9	10	11	12	13	14	15
16	17	18	19	20	21	22
23	24	25	26	27	28	29
30	31					

january

monday 10

tuesday 11

wednesday 12

thursday 13

friday 14

saturday 15

sunday 16

JANUARY						
s	m	t	w	t	f	s
						1
2	3	4	5	6	7	8
9	10	11	12	13	14	15
16	17	18	19	20	21	22
23	24	25	26	27	28	29
30	31					

january

Martin Luther King Jr.'s Birthday (observed) (USA)

monday 17

tuesday 18

wednesday 19

thursday 20

friday 21

saturday 22

sunday 23

FEBRUARY						
s	m	t	w	t	f	s
		1	2	3	4	5
6	7	8	9	10	11	12
13	14	15	16	17	18	19
20	21	22	23	24	25	26
27	28					

february

monday 7

tuesday 8

Ash Wednesday

wednesday 9

thursday 10

friday 11

saturday 12

sunday 13

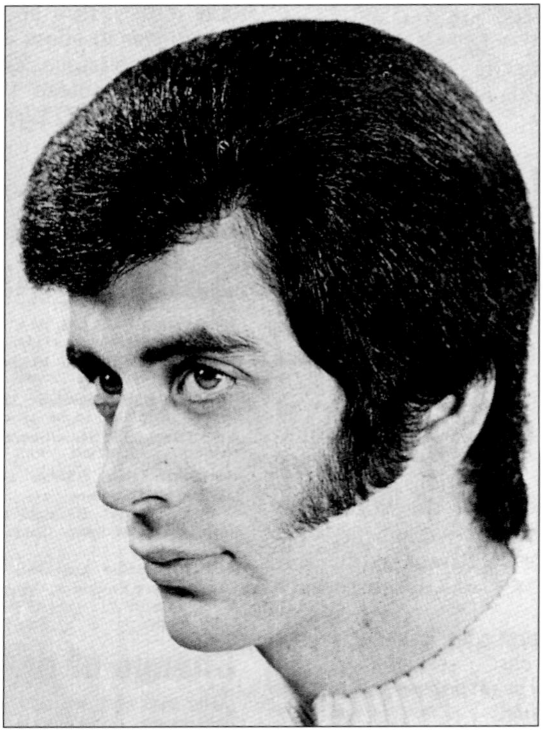

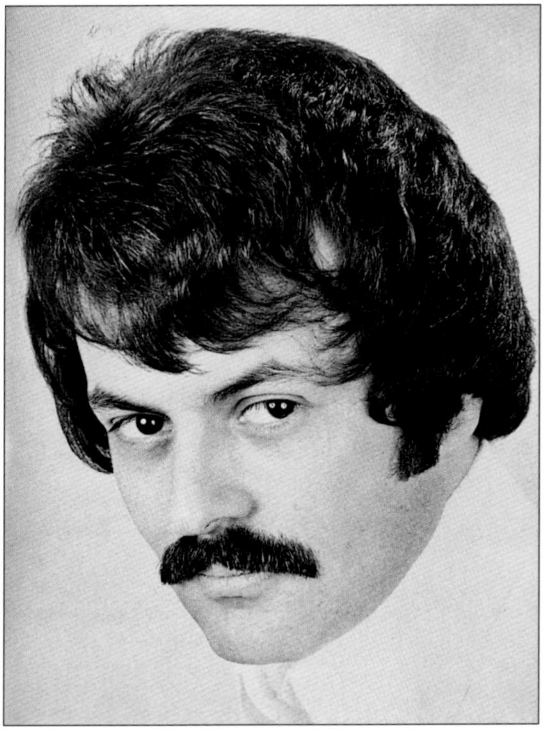

FEBRUARY						
s	m	t	w	t	f	s
		1	2	3	4	5
6	7	8	9	10	11	12
13	14	15	16	17	18	19
20	21	22	23	24	25	26
27	28					

february

St. Valentine's Day

monday 14

tuesday 15

wednesday 16

thursday 17

friday 18

saturday 19

sunday 20

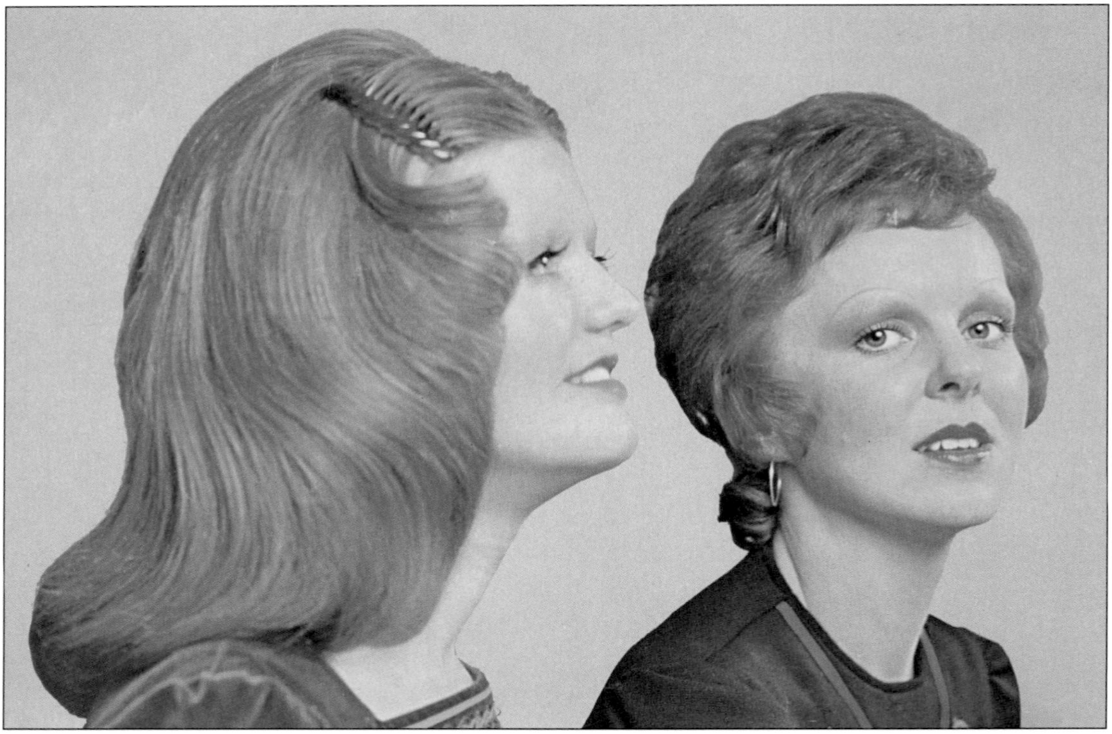

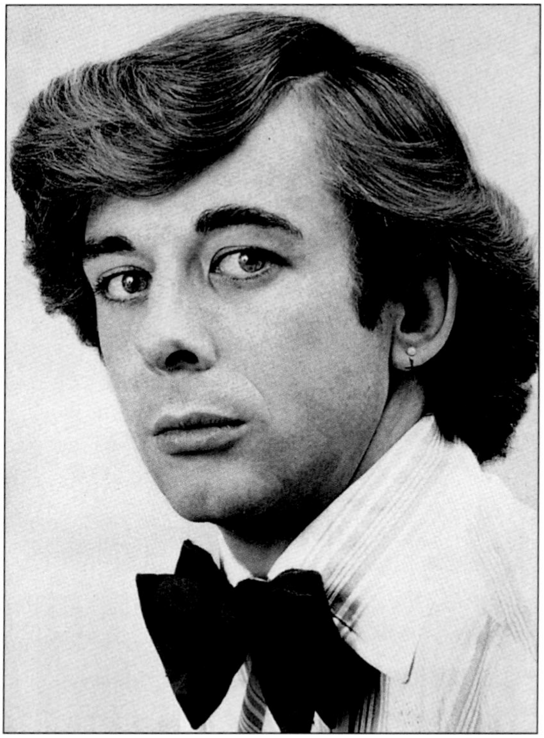

FEBRUARY						
s	m	t	w	t	f	s
		1	2	3	4	5
6	7	8	9	10	11	12
13	14	15	16	17	18	19
20	21	22	23	24	25	26
27	28					

february

Presidents' Day (USA)

monday 21

tuesday 22

wednesday 23

thursday 24

friday 25

saturday 26

sunday 27

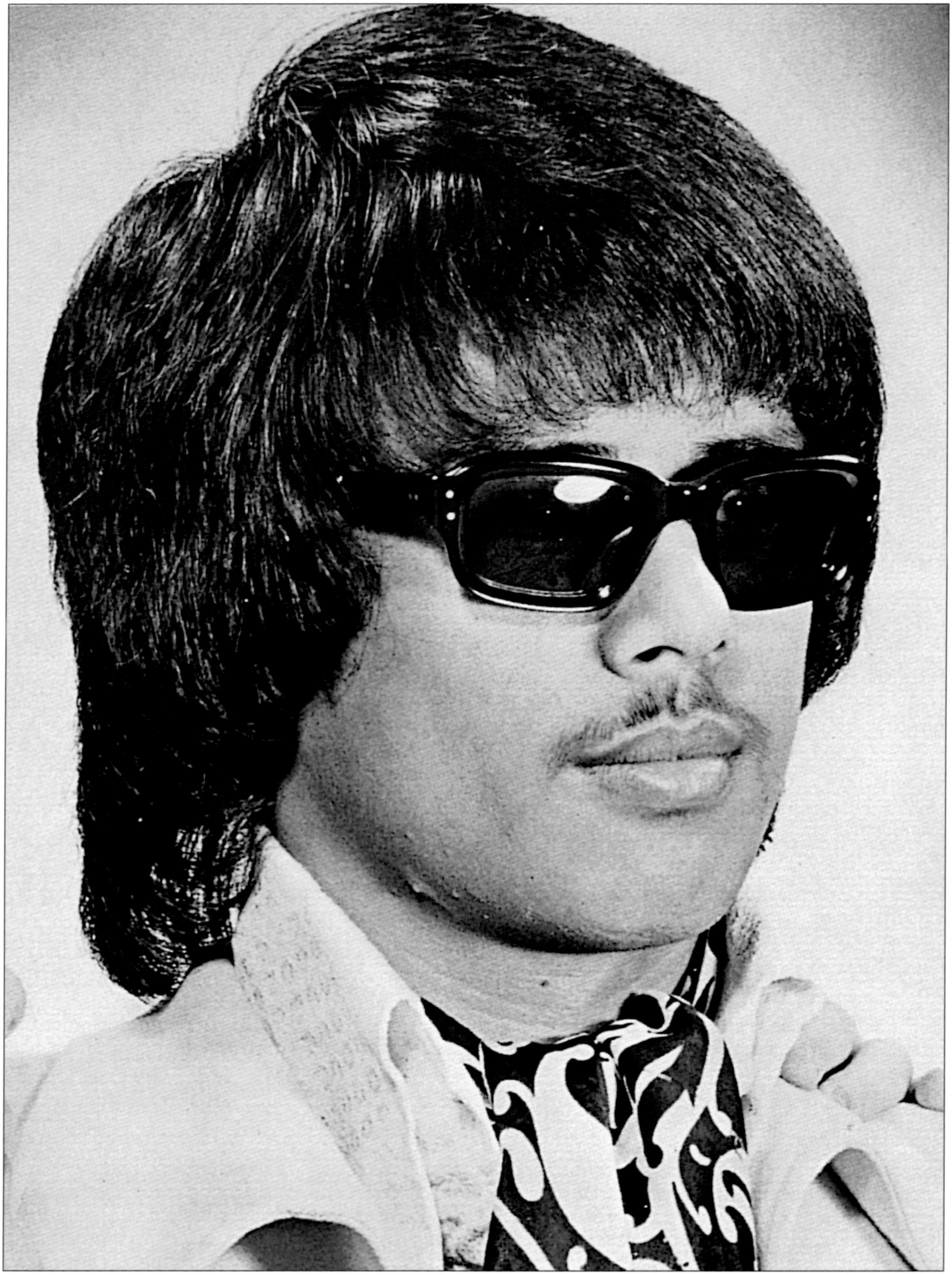

FEBRUARY						
s	m	t	w	t	f	s
		1	2	3	4	5
6	7	8	9	10	11	12
13	14	15	16	17	18	19
20	21	22	23	24	25	26
27	28					

MARCH						
s	m	t	w	t	f	s
		1	2	3	4	5
6	7	8	9	10	11	12
13	14	15	16	17	18	19
20	21	22	23	24	25	26
27	28	29	30	31		

feb-mar

monday 28

St. David's Day (UK)

tuesday 1

wednesday 2

thursday 3

friday 4

saturday 5

Mothering Sunday (UK)

sunday 6

MARCH

s	m	t	w	t	f	s
		1	2	3	4	5
6	7	8	9	10	11	12
13	14	15	16	17	18	19
20	21	22	23	24	25	26
27	28	29	30	31		

march

Labour Day (Australia—WA)
Eight Hours Day (Australia—TAS)

monday 7

International Women's Day

tuesday 8

wednesday 9

thursday 10

friday 11

saturday 12

sunday 13

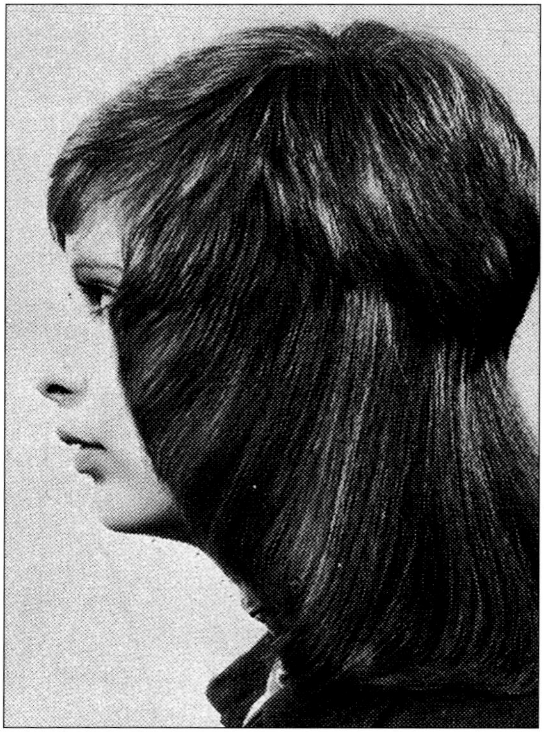
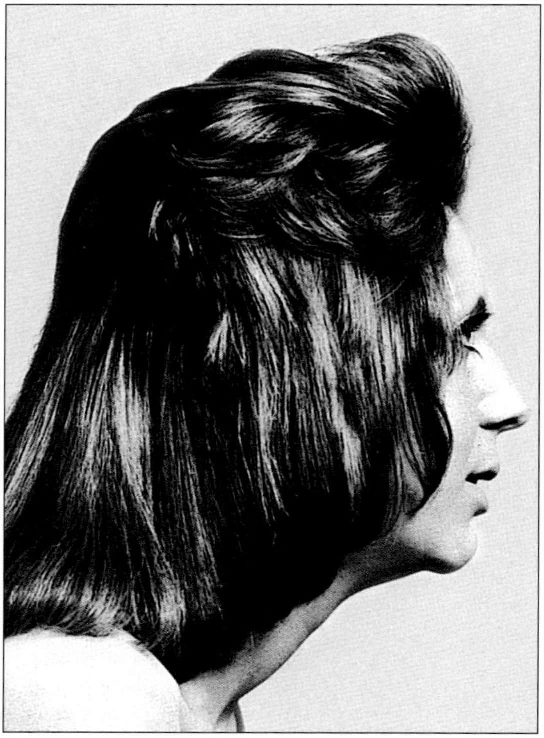
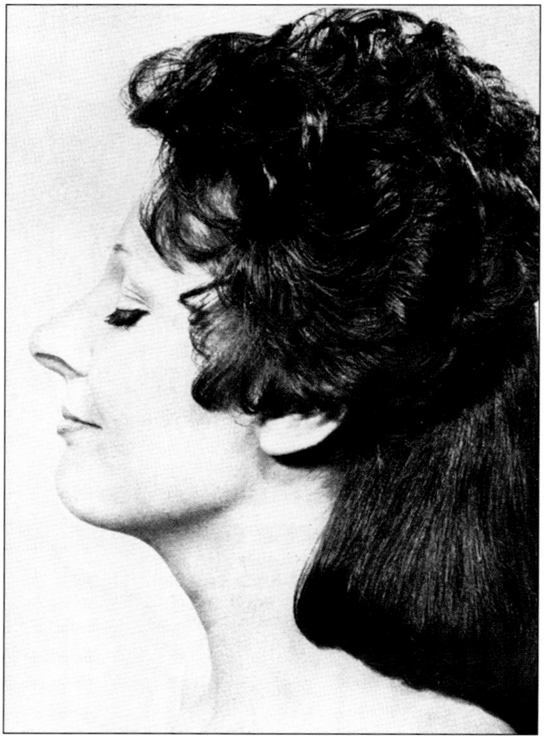

MARCH

s	m	t	w	t	f	s
		1	2	3	4	5
6	7	8	9	10	11	12
13	14	15	16	17	18	19
20	21	22	23	24	25	26
27	28	29	30	31		

march

Labour Day (Australia—VIC)
Canberra Day (Australia—ACT)
Commonwealth Day (Australia, Canada, NZ, UK)

monday 14

tuesday 15

wednesday 16

St. Patrick's Day

thursday 17

friday 18

saturday 19

Palm Sunday

sunday 20

MARCH

s	m	t	w	t	f	s
		1	2	3	4	5
6	7	8	9	10	11	12
13	14	15	16	17	18	19
20	21	22	23	24	25	26
27	28	29	30	31		

march

monday 21

tuesday 22

wednesday 23

thursday 24

Purim
Good Friday (Western)

friday 25

Easter Saturday (Australia—except VIC, WA)

saturday 26

Easter (Western)

sunday 27

mar-apr

MARCH						
s	m	t	w	t	f	s
		1	2	3	4	5
6	7	8	9	10	11	12
13	14	15	16	17	18	19
20	21	22	23	24	25	26
27	28	29	30	31		

APRIL						
s	m	t	w	t	f	s
					1	2
3	4	5	6	7	8	9
10	11	12	13	14	15	16
17	18	19	20	21	22	23
24	25	26	27	28	29	30

Easter Monday (Australia, Canada, NZ, UK—except Scotland)

monday 28

tuesday 29

wednesday 30

thursday 31

friday 1

saturday 2

sunday 3

APRIL

s	m	t	w	t	f	s
					1	2
3	4	5	6	7	8	9
10	11	12	13	14	15	16
17	18	19	20	21	22	23
24	25	26	27	28	29	30

april

monday 4

tuesday 5

wednesday 6

thursday 7

friday 8

saturday 9

sunday 10

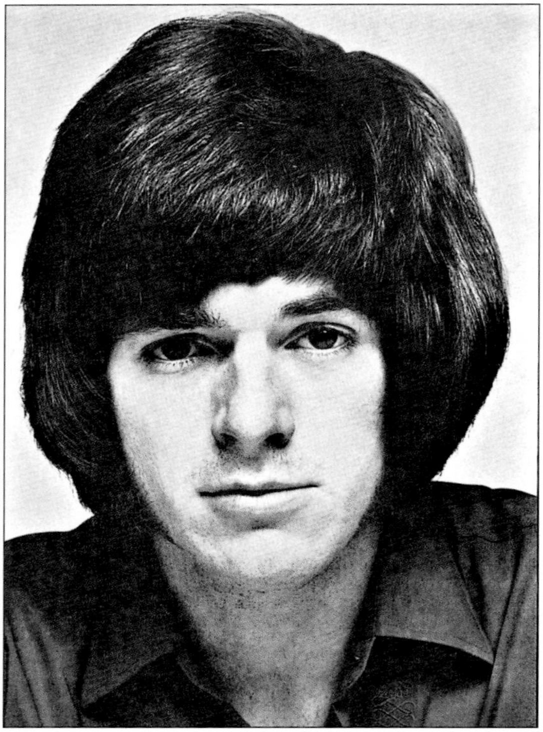

			APRIL			
s	m	t	w	t	f	s
					1	2
3	4	5	6	7	8	9
10	11	12	13	14	15	16
17	18	19	20	21	22	23
24	25	26	27	28	29	30

april

monday 11

tuesday 12

wednesday 13

Bank Holiday (Australia—TAS)

thursday 14

friday 15

saturday 16

sunday 17

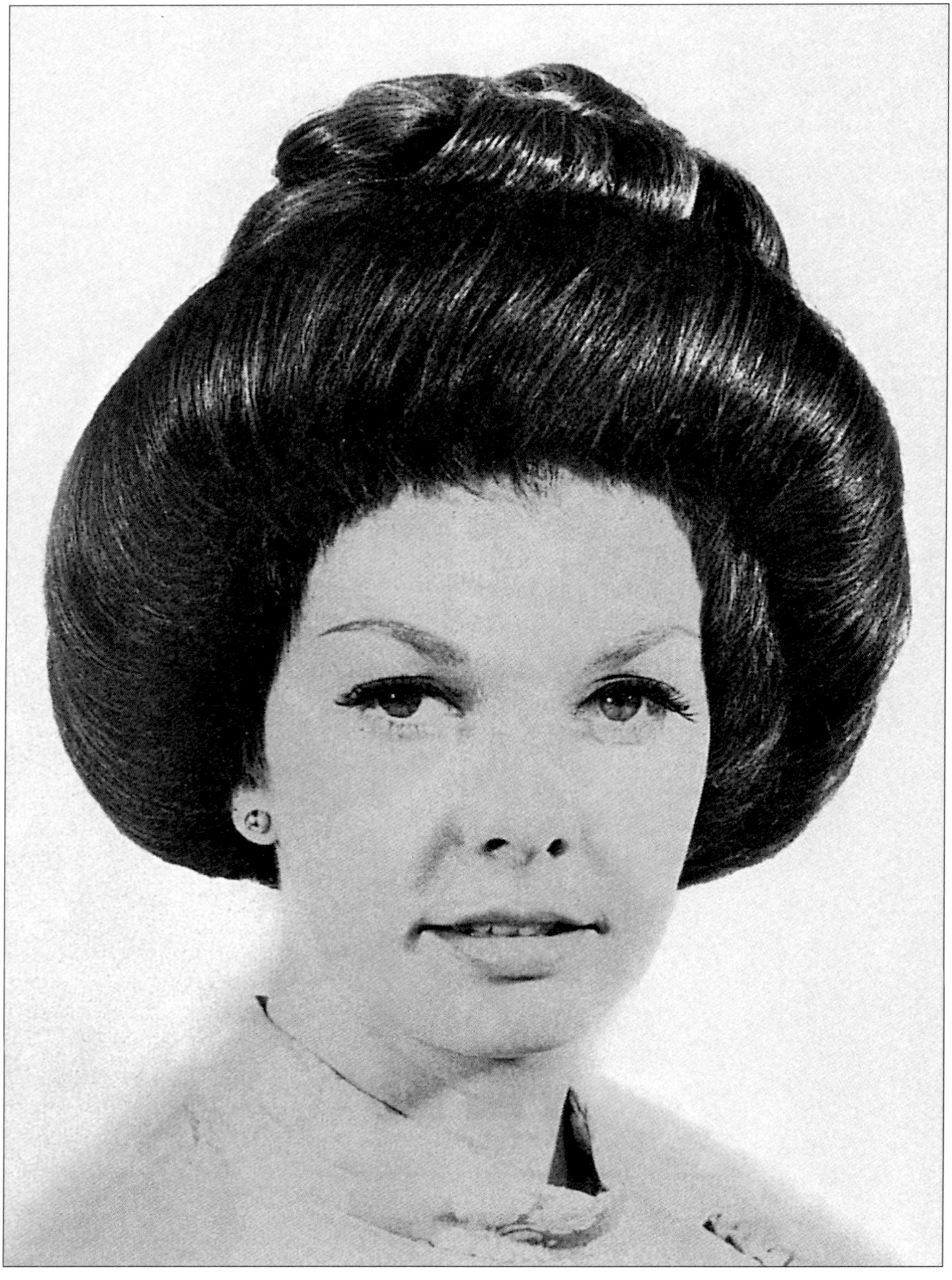

APRIL

s	m	t	w	t	f	s
					1	2
3	4	5	6	7	8	9
10	11	12	13	14	15	16
17	18	19	20	21	22	23
24	25	26	27	28	29	30

april

monday 18

tuesday 19

wednesday 20

thursday 21

Earth Day

friday 22

St. George's Day (UK)

saturday 23

First Day of Passover

sunday 24

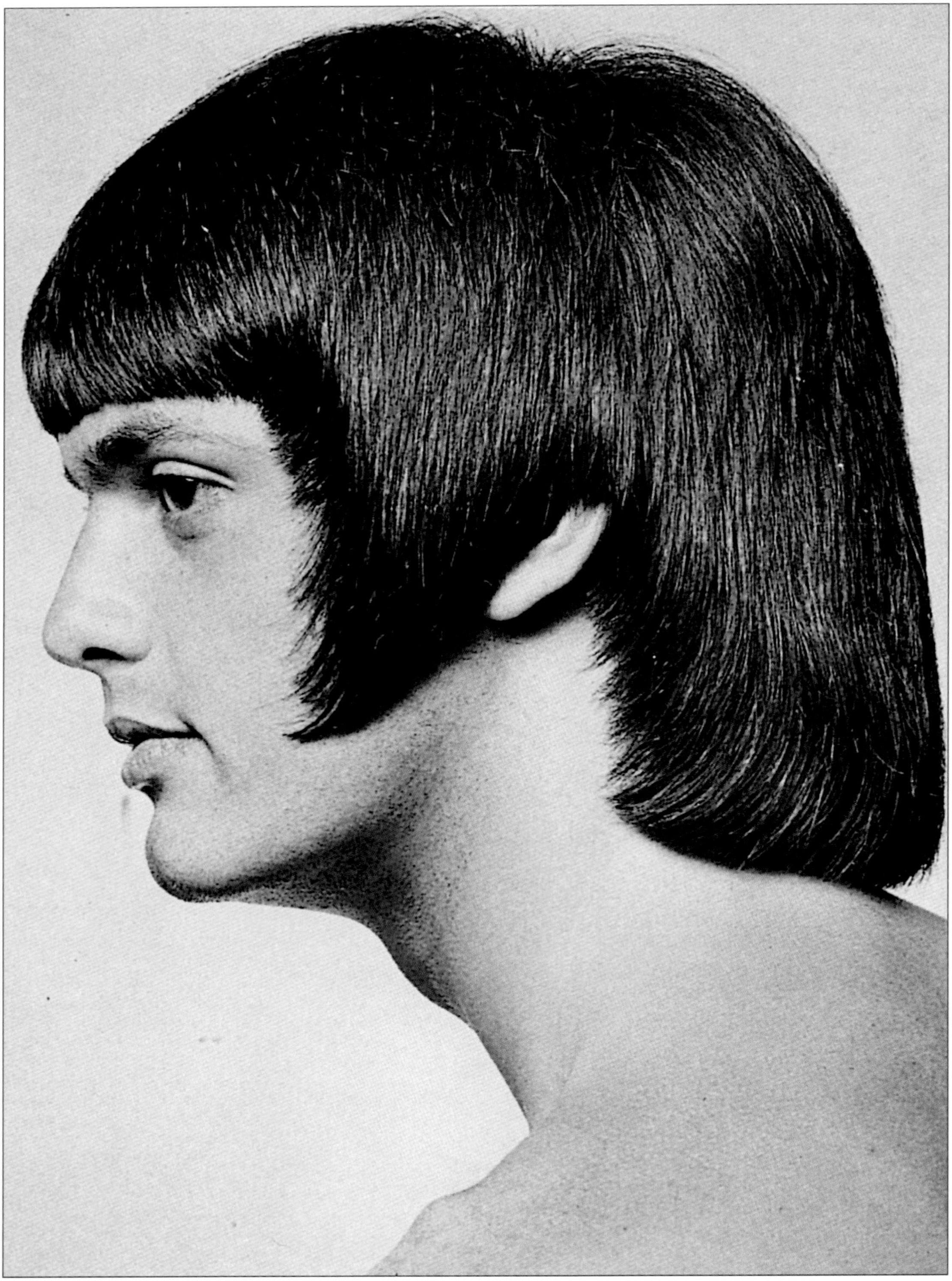

APRIL						
s	m	t	w	t	f	s
					1	2
3	4	5	6	7	8	9
10	11	12	13	14	15	16
17	18	19	20	21	22	23
24	25	26	27	28	29	30

MAY						
s	m	t	w	t	f	s
1	2	3	4	5	6	7
8	9	10	11	12	13	14
15	16	17	18	19	20	21
22	23	24	25	26	27	28
29	30	31				

apr-may

Anzac Day (Australia, NZ)

monday 25

tuesday 26

wednesday 27

thursday 28

Holy Friday (Orthodox)

friday 29

saturday 30

Last Day of Passover
Easter (Orthodox)

sunday 1

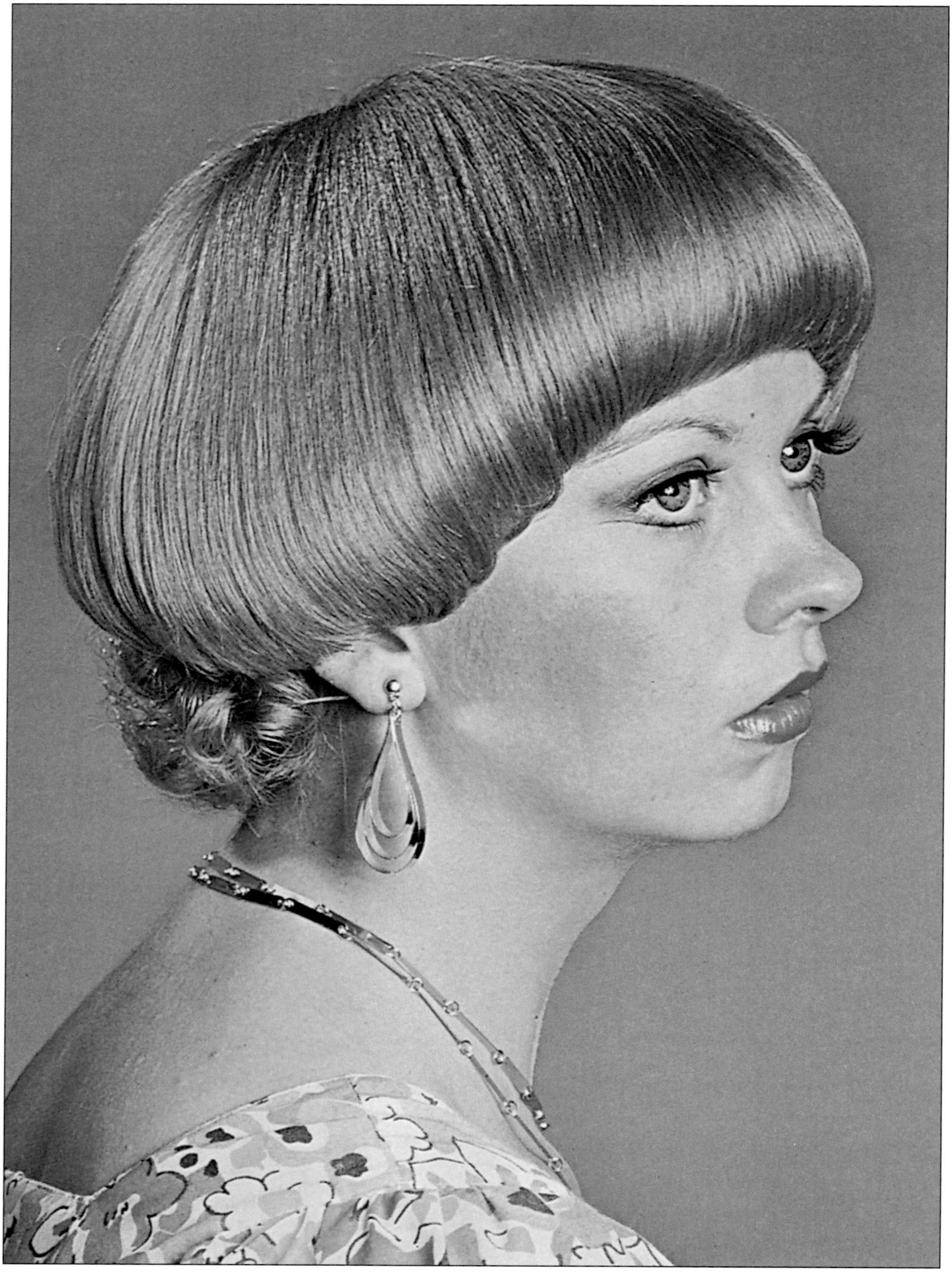

MAY

s	m	t	w	t	f	s
1	2	3	4	5	6	7
8	9	10	11	12	13	14
15	16	17	18	19	20	21
22	23	24	25	26	27	28
29	30	31				

may

Labour Day (Australia—QLD)
Early May Bank Holiday (Eire, UK)

monday 2

tuesday 3

wednesday 4

thursday 5

friday 6

saturday 7

Mother's Day (USA, Australia, Canada, NZ)

sunday 8

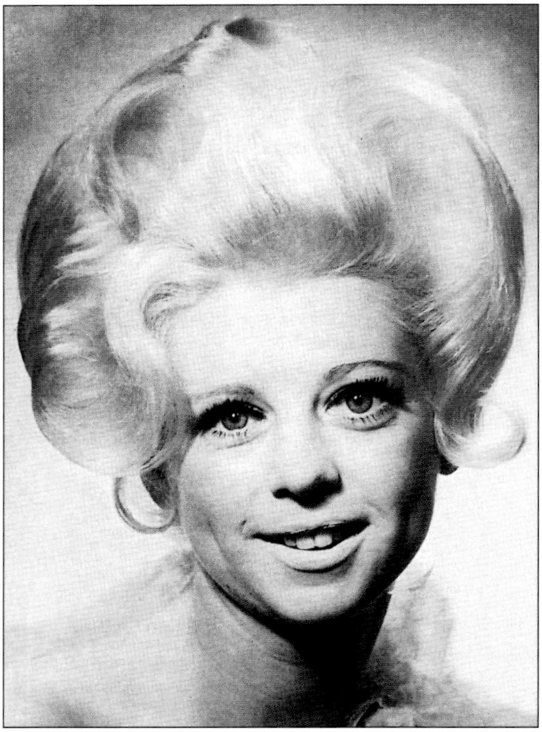
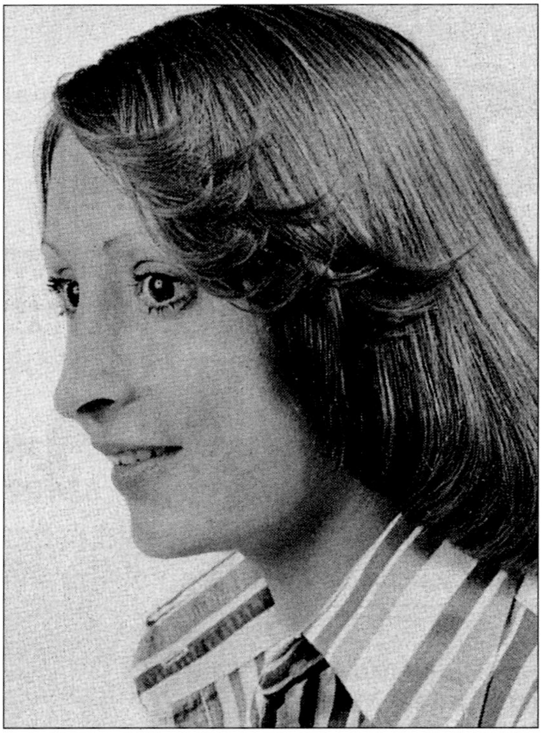

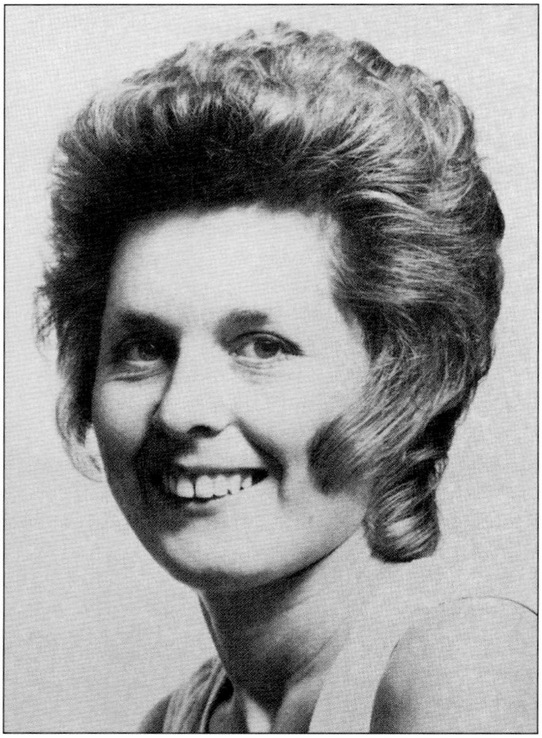

MAY

s	m	t	w	t	f	s
1	2	3	4	5	6	7
8	9	10	11	12	13	14
15	16	17	18	19	20	21
22	23	24	25	26	27	28
29	30	31				

may

monday 9

tuesday 10

wednesday 11

thursday 12

friday 13

saturday 14

sunday 15

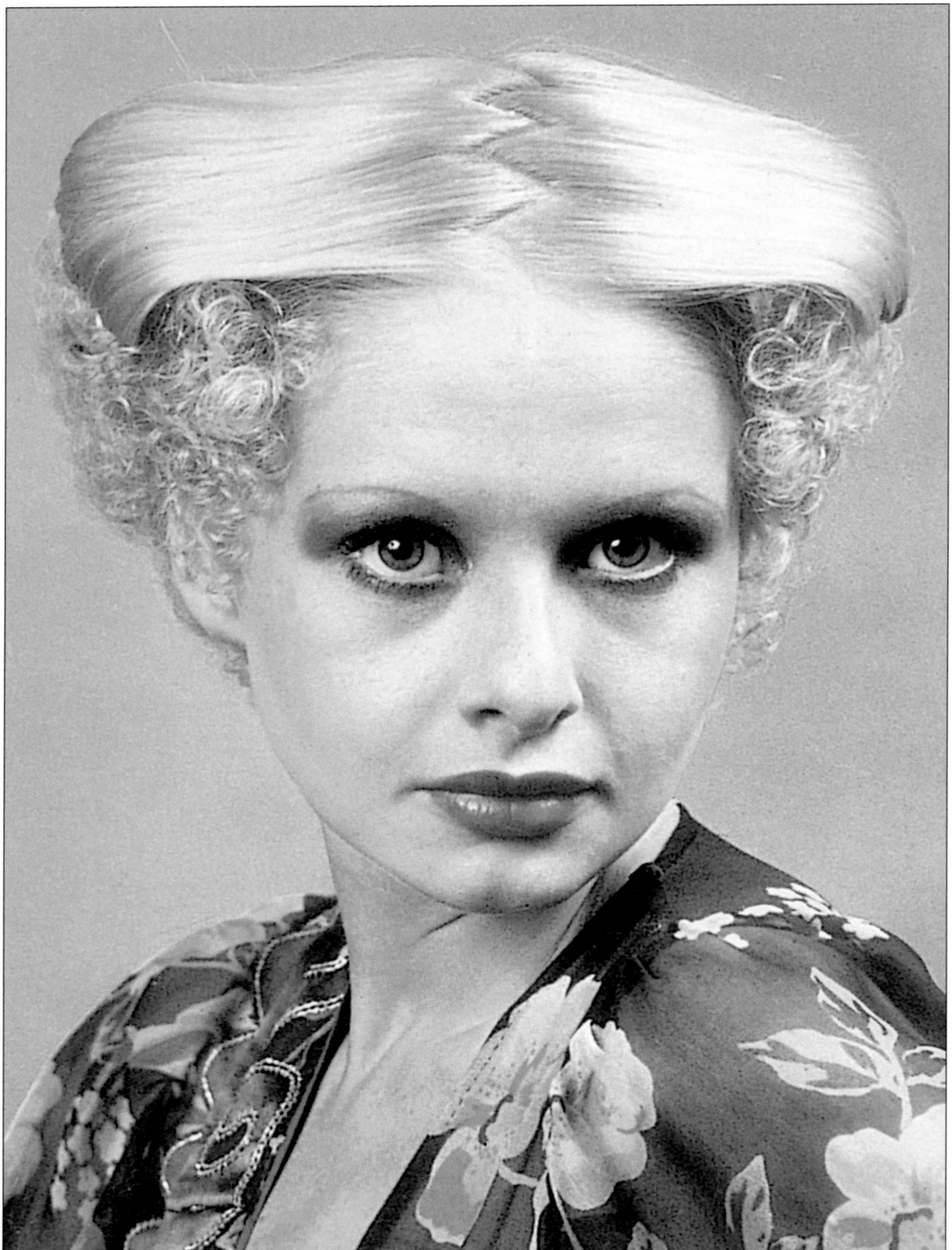

MAY

s	m	t	w	t	f	s
1	2	3	4	5	6	7
8	9	10	11	12	13	14
15	16	17	18	19	20	21
22	23	24	25	26	27	28
29	30	31				

may

monday 16

tuesday 17

wednesday 18

thursday 19

friday 20

Armed Forces Day (USA)

saturday 21

sunday 22

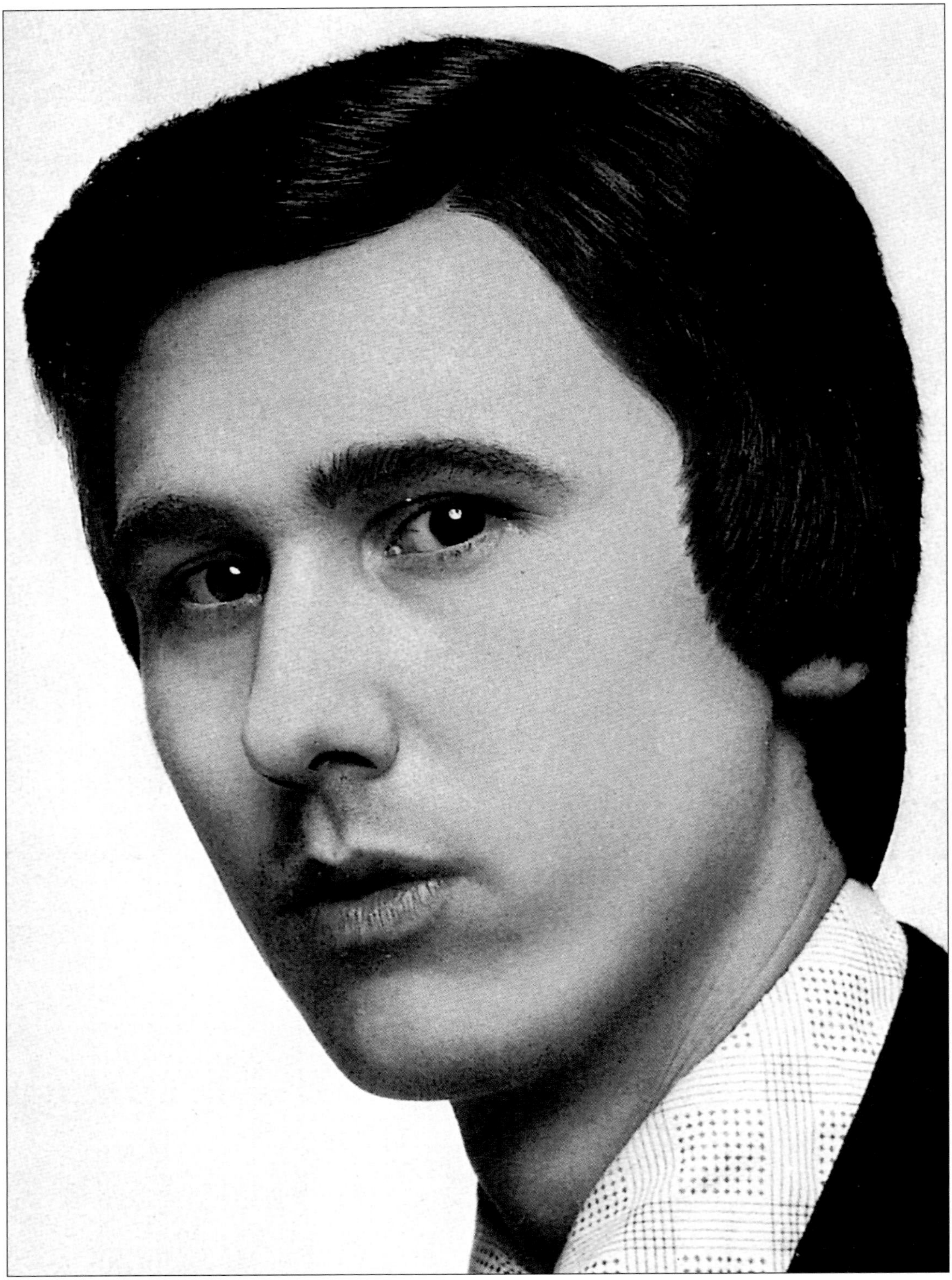

MAY

s	m	t	w	t	f	s
1	2	3	4	5	6	7
8	9	10	11	12	13	14
15	16	17	18	19	20	21
22	23	24	25	26	27	28
29	30	31				

may

Victoria Day (Canada)

monday 23

tuesday 24

wednesday 25

thursday 26

friday 27

saturday 28

sunday 29

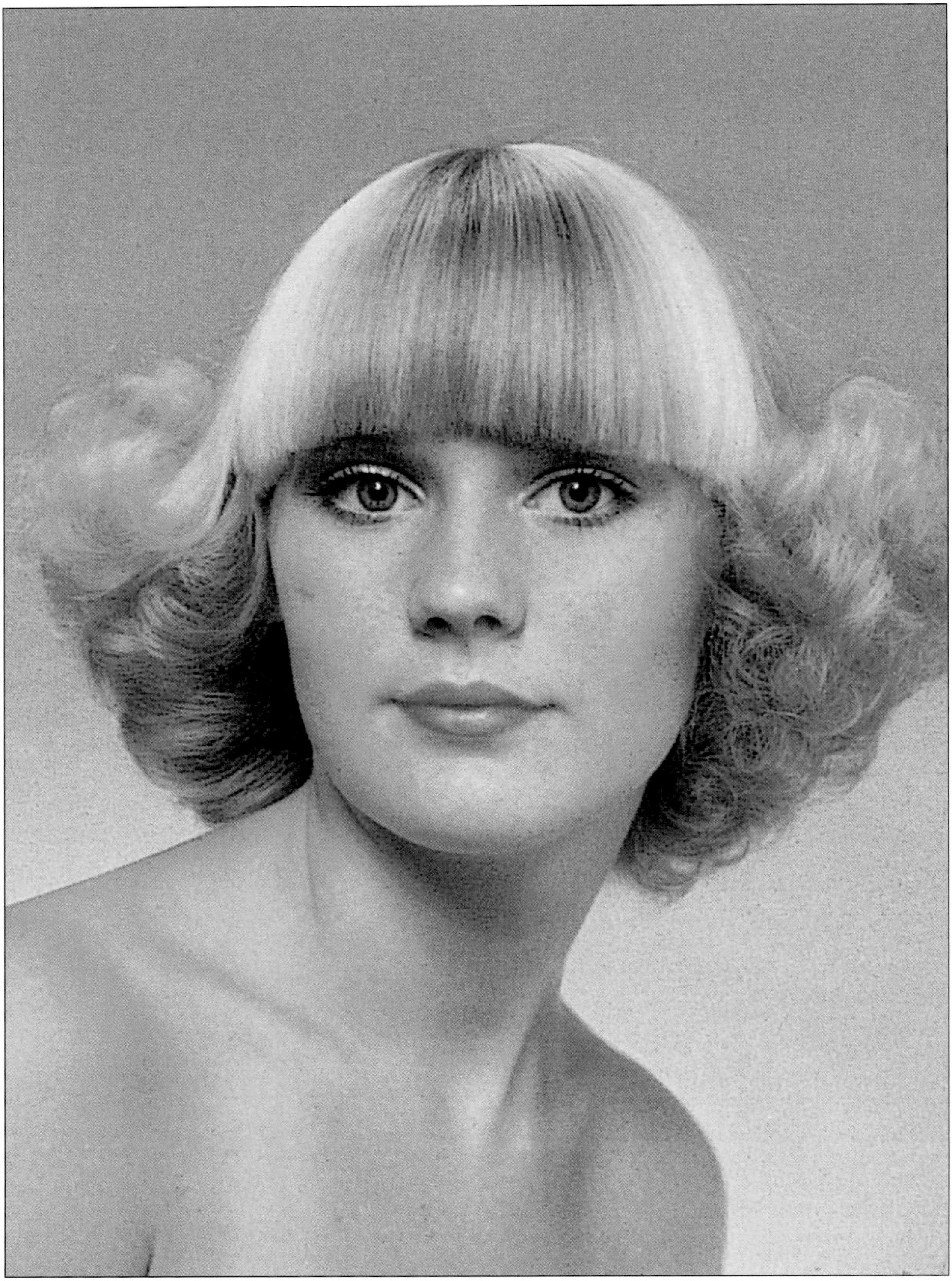

MAY						
s	m	t	w	t	f	s
1	2	3	4	5	6	7
8	9	10	11	12	13	14
15	16	17	18	19	20	21
22	23	24	25	26	27	28
29	30	31				

JUNE						
s	m	t	w	t	f	s
			1	2	3	4
5	6	7	8	9	10	11
12	13	14	15	16	17	18
19	20	21	22	23	24	25
26	27	28	29	30		

may-june

Memorial Day (USA)
Spring Bank Holiday (UK)

monday 30

tuesday 31

wednesday 1

thursday 2

friday 3

saturday 4

sunday 5

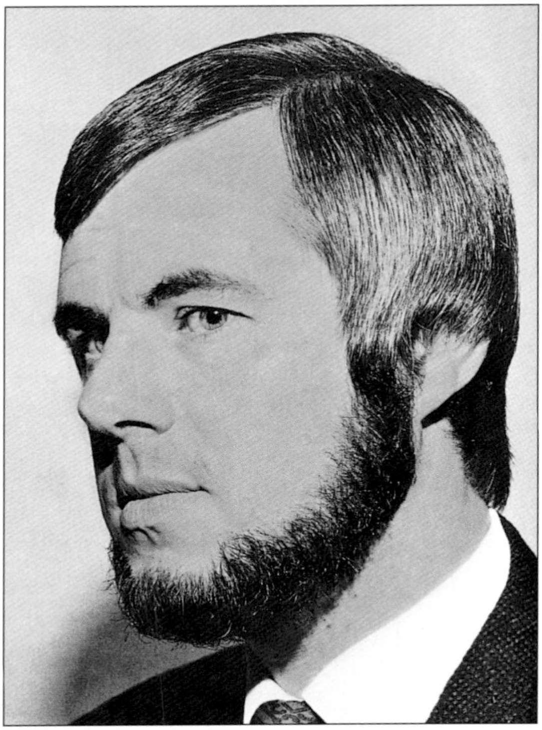

june

JUNE						
s	m	t	w	t	f	s
			1	2	3	4
5	6	7	8	9	10	11
12	13	14	15	16	17	18
19	20	21	22	23	24	25
26	27	28	29	30		

Queen's Birthday (NZ)
Foundation Day (Australia—WA)
Bank Holiday (Eire)

monday 6

tuesday 7

wednesday 8

thursday 9

friday 10

saturday 11

sunday 12

JUNE						
s	m	t	w	t	f	s
			1	2	3	4
5	6	7	8	9	10	11
12	13	14	15	16	17	18
19	20	21	22	23	24	25
26	27	28	29	30		

june

Queen's Birthday (Australia—except WA)

monday 13

Flag Day (USA)

tuesday 14

wednesday 15

thursday 16

friday 17

saturday 18

Father's Day (USA, Canada, UK)

sunday 19

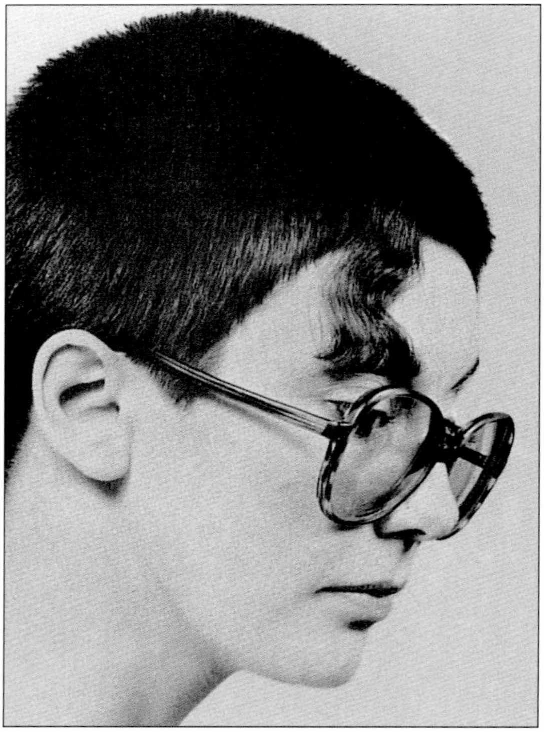

JUNE

s	m	t	w	t	f	s
			1	2	3	4
5	6	7	8	9	10	11
12	13	14	15	16	17	18
19	20	21	22	23	24	25
26	27	28	29	30		

june

monday 20

tuesday 21

wednesday 22

thursday 23

friday 24

saturday 25

sunday 26

JULY

s	m	t	w	t	f	s
					1	2
3	4	5	6	7	8	9
10	11	12	13	14	15	16
17	18	19	20	21	22	23
24	25	26	27	28	29	30
31						

july

monday 11

Battle of the Boyne Day (Northern Ireland)

tuesday 12

wednesday 13

thursday 14

friday 15

saturday 16

sunday 17

AUGUST

s	m	t	w	t	f	s
	1	2	3	4	5	6
7	8	9	10	11	12	13
14	15	16	17	18	19	20
21	22	23	24	25	26	27
28	29	30	31			

august

monday 8

tuesday 9

wednesday 10

thursday 11

friday 12

saturday 13

sunday 14

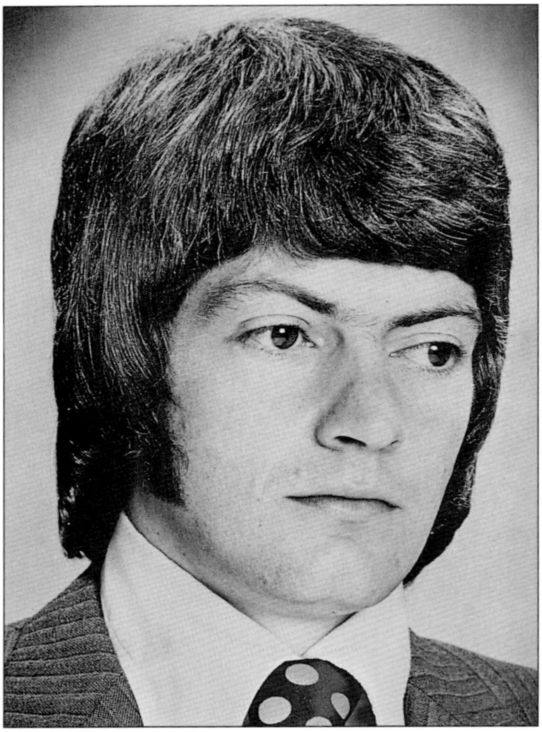

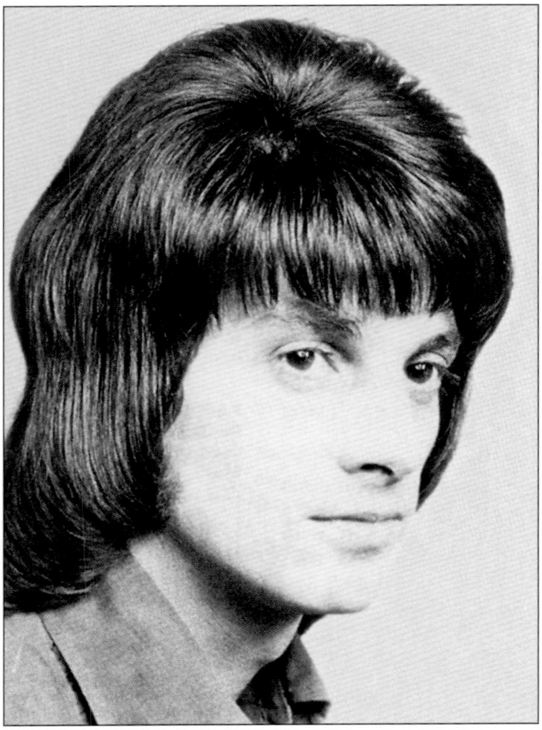

AUGUST

s	m	t	w	t	f	s
	1	2	3	4	5	6
7	8	9	10	11	12	13
14	15	16	17	18	19	20
21	22	23	24	25	26	27
28	29	30	31			

august

monday 15

tuesday 16

wednesday 17

thursday 18

friday 19

saturday 20

sunday 21

SEPTEMBER

s	m	t	w	t	f	s
				1	2	3
4	5	6	7	8	9	10
11	12	13	14	15	16	17
18	19	20	21	22	23	24
25	26	27	28	29	30	

september

monday 19

tuesday 20

wednesday 21

thursday 22

friday 23

saturday 24

sunday 25

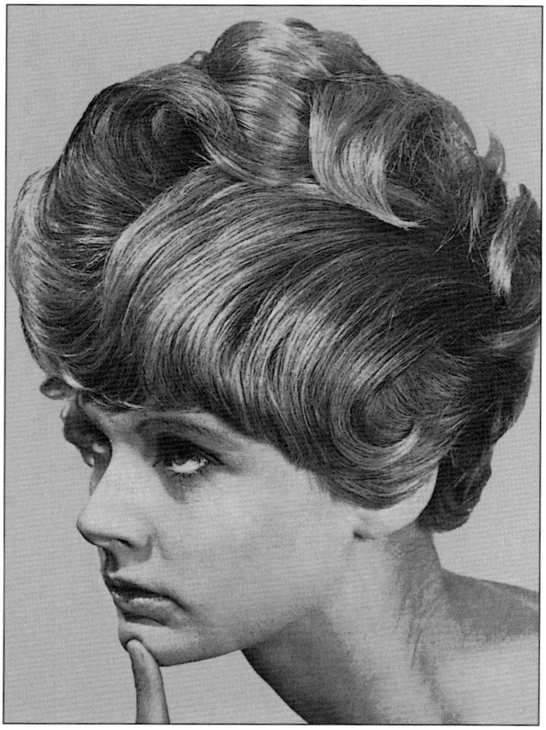

SEPTEMBER						
s	m	t	w	t	f	s
				1	2	3
4	5	6	7	8	9	10
11	12	13	14	15	16	17
18	19	20	21	22	23	24
25	26	27	28	29	30	

OCTOBER						
s	m	t	w	t	f	s
						1
2	3	4	5	6	7	8
9	10	11	12	13	14	15
16	17	18	19	20	21	22
23	24	25	26	27	28	29
30	31					

sept-oct

monday 26

tuesday 27

wednesday 28

thursday 29

friday 30

saturday 1

sunday 2

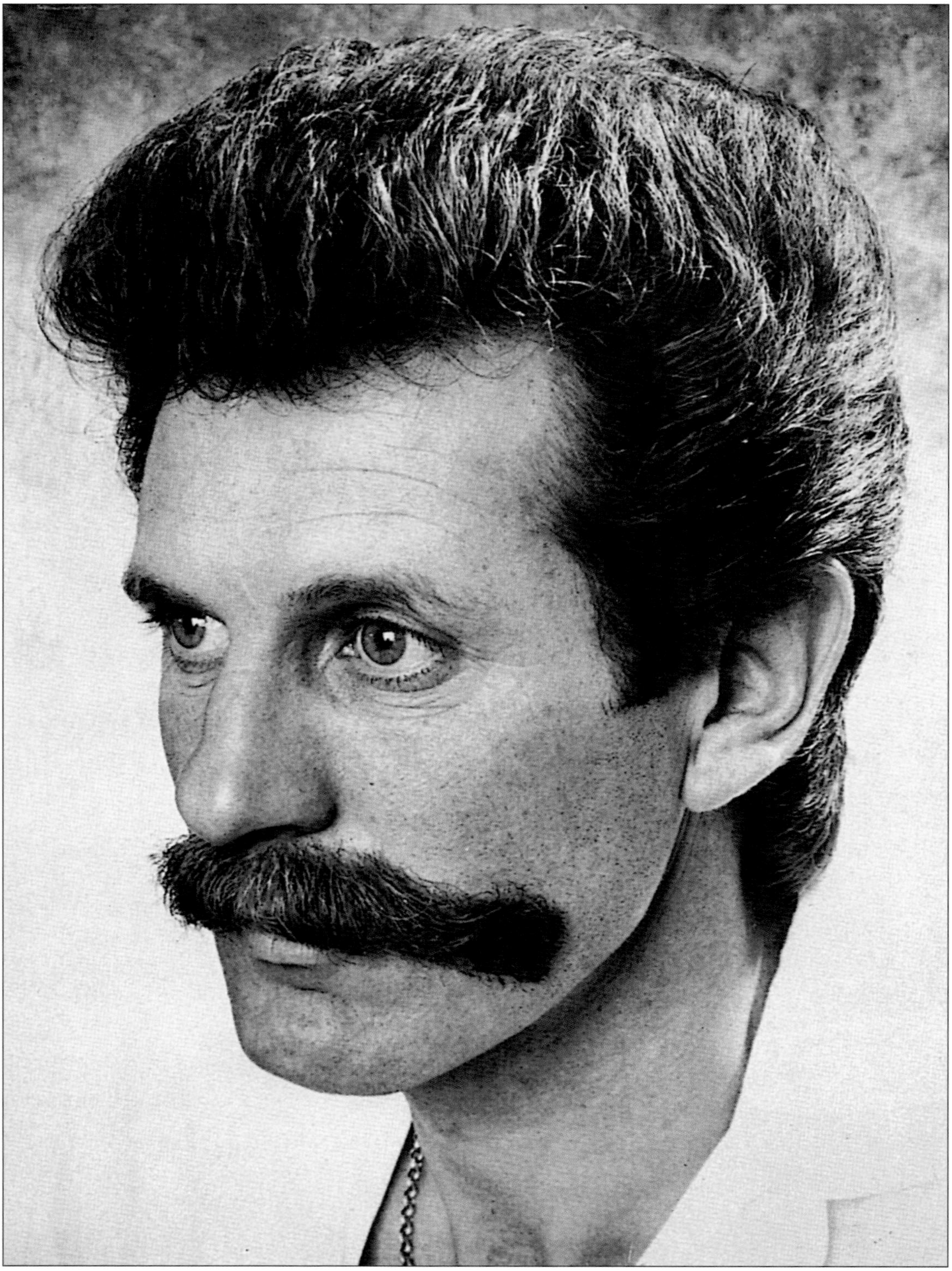

NOVEMBER

s	m	t	w	t	f	s
		1	2	3	4	5
6	7	8	9	10	11	12
13	14	15	16	17	18	19
20	21	22	23	24	25	26
27	28	29	30			

november

monday 14

tuesday 15

wednesday 16

thursday 17

friday 18

saturday 19

sunday 20

DECEMBER						
s	m	t	w	t	f	s
				1	2	3
4	5	6	7	8	9	10
11	12	13	14	15	16	17
18	19	20	21	22	23	24
25	26	27	28	29	30	31

december

monday 19

tuesday 20

wednesday 21

thursday 22

friday 23

Christmas Eve *saturday* 24

Christmas Day *sunday* 25

DECEMBER 2005						
s	m	t	w	t	f	s
				1	2	3
4	5	6	7	8	9	10
11	12	13	14	15	16	17
18	19	20	21	22	23	24
25	26	27	28	29	30	31

JANUARY 2006						
s	m	t	w	t	f	s
1	2	3	4	5	6	7
8	9	10	11	12	13	14
15	16	17	18	19	20	21
22	23	24	25	26	27	28
29	30	31				

dec-jan

First Day of Hanukkah
Kwanzaa begins (USA
Boxing Day (Canada, NZ, UK, Australia—except SA)
Proclamation Day (Australia—SA)

monday 26

tuesday 27

wednesday 28

thursday 29

friday 30

saturday 31

New Year's Day
Kwanzaa ends (USA)

sunday 1

2006

january

february

march

april

may

june